www.pinhok.com

Introduction

This Book

This vocabulary book is a curated word frequency list with 2000 of the most commonly used words and phrases. It is not a conventional all-in-one language learning book but rather strives to streamline the learning process by concentrating on early acquisition of the core vocabularies. The result is a unique vocabulary book ideal for driven learners and language hackers.

Learning Community

If you find this book helpful, do us and other fellow learners a favour and leave a comment wherever you bought this book explaining how you use this book in your learning process. Your thoughts and experiences can help and have a positive impact on numerous other language learners around the world. We are looking forward to your stories and thank you in advance for your insights!

Pinhok Languages

Pinhok Languages strives to create language learning products that support learners around the world in their mission of learning a new language. In doing so, we combine best practice from various fields and industries to come up with innovative products and material.

The Pinhok Team hopes this book can help you with your learning process and gets you to your goal faster. Should you be interested in finding out more about us, please go to our website www.pinhok.com. For feedback, error reports, criticism or simply a quick "hi", please also go to our website and use the contact form.

Disclaimer of Liability

THIS BOOK IS PROVIDED "AS IS", WITHOUT WARRANTY OF ANY KIND, EXPRESSED OR IMPLIED, INCLUDING BUT NOT LIMITED TO THE WARRANTIES OF MERCHANTABILITY, FITNESS FOR A PARTICULAR PURPOSE AND NONINFRINGEMENT. IN NO EVENT SHALL THE AUTHORS OR COPYRIGHT HOLDERS BE LIABLE FOR ANY CLAIM, DAMAGES OR OTHER LIABILITY, WHETHER IN AN ACTION OF CONTRACT, TORT OR OTHERWISE, ARISING FROM, OUT OF OR IN CONNECTION WITH THE BOOK OR THE USE OR OTHER DEALINGS IN THE BOOK.

Copyright © 2018 Pinhok.com. All Rights Reserved

1 - 25

I	私 (watashi)
you (singular)	あなた (anata)
he	彼 (kare)
she	彼女 (kanojo)
it	それ (sore)
we	私達 (watashi tachi)
you (plural)	あなた達 (anata tachi)
they	彼ら (kare ra)
what	何 (nani)
who	誰 (dare)
where	どこ (doko)
why	なぜ (naze)
how	どのように (dono yō ni)
which	どれ (dore)
when	いつ (itsu)
then	そして (soshite)
if	もし (moshi)
really	本当に (hontō ni)
but	でも (de mo)
because	だから (da kara)
not	ではない (de wa nai)
this	これ (kore)
I need this	これが必要です (kore ga hitsuyō desu)
How much is this?	これはいくらですか？ (kore wa ikura desu ka)
that	あれ (are)

5

26 - 50

all	全て (subete)
or	又は (mata wa)
and	と (to)
to know	知る (shiru)
I know	知っています (shitte imasu)
I don't know	知りません (shirimasen)
to think	考える (kangaeru)
to come	来る (kuru)
You definitely have to come	絶対に来ないといけません (zettai ni konai to ikemasen)
to put	置く (oku)
to take	取る (toru)
to find	見つける (mitsukeru)
to listen	聞く (kiku)
to work	働く (hataraku)
to talk	話す (hanasu)
to give (somebody something)	与える (ataeru)
to like	好む (konomu)
to help	助ける (tasukeru)
Can you help me?	手伝ってくれますか？ (tetsudatte kuremasu ka)
to love	愛する (aisuru)
to call	電話する (denwa suru)
to wait	待つ (matsu)
I like you	あなたが好きです (anata ga suki desu)
I don't like this	これは好きではありません (kore wa suki de wa arimasen)
Do you love me?	私のことが好きですか？ (watakushi no koto ga suki desu ka)

51 - 75

I love you	愛しています (aishite imasu)
0	零 (rei)
1	一 (ichi)
2	二 (ni)
3	三 (san)
4	四 (yon/shi)
5	五 (go)
6	六 (roku)
7	七 (nana)
8	八 (hachi)
9	九 (kyū)
10	十 (jū)
11	十一 (jū ichi)
12	十二 (jū ni)
13	十三 (jū san)
14	十四 (jū yon)
15	十五 (jū go)
16	十六 (jū roku)
17	十七 (jū nana)
18	十八 (jū hachi)
19	十九 (jū kyū)
20	二十 (nijū)
new	新しい (atarashī)
old (not new)	古い (furui)
few	少ない (sukunai)

76 - 100

many	多い (ōi)
how much?	いくら？ (ikura)
how many?	いくつですか？ (iku tsu desu ka)
wrong	間違った (machigatta)
correct	正しい (tadashī)
bad	悪い (warui)
good	良い (yoi)
happy	嬉しい (ureshī)
short (length)	短い (mijikai)
long	長い (nagai)
small	小さい (chīsai)
big	大きな (ōkina)
there	あそこ (asoko)
here	ここ (koko)
right	右 (migi)
left	左 (hidari)
beautiful	美しい (utsukushī)
young	若い (wakai)
old (not young)	年寄り (toshiyori)
hello	こんにちは (konnichiwa)
see you later	行って来ます (itte kimasu)
ok	はい (hai)
take care	気を付けて (ki o tsukete)
don't worry	気にしないで (ki ni shinaide)
of course	もちろん (mochiron)

101 - 125

good day	今日は (kyō wa)
hi	やあ (yā)
bye bye	またね (mata ne)
good bye	さようなら (sayōnara)
excuse me	すみません (sumimasen)
sorry	ごめんなさい (gomen nasai)
thank you	ありがとうございます (arigatō gozaimasu)
please	お願いします (o negaishimasu)
I want this	これが欲しいです (kore ga hoshī desu)
now	今 (ima)
afternoon	午後 (gogo)
morning (9:00-11:00)	午前 (gozen)
night	夜 (yoru)
morning (6:00-9:00)	朝 (asa)
evening	夕方 (yūgata)
noon	正午 (shōgo)
midnight	真夜中 (ma yonaka)
hour	時 (ji)
minute	分 (bun)
second (time)	秒 (byō)
day	日 (hi)
week	週 (shū)
month	月 (tsuki)
year	年 (toshi)
time	時間 (jikan)

126 - 150

date (time)	日付 (hiduke)
the day before yesterday	一昨日 (issakujitsu)
yesterday	昨日 (kinō)
today	今日 (kyō)
tomorrow	明日 (ashita)
the day after tomorrow	明後日 (asatte)
Monday	月曜日 (getsuyōbi)
Tuesday	火曜日 (kayōbi)
Wednesday	水曜日 (suiyōbi)
Thursday	木曜日 (mokuyōbi)
Friday	金曜日 (kin yōbi)
Saturday	土曜日 (doyōbi)
Sunday	日曜日 (nichiyōbi)
Tomorrow is Saturday	明日は土曜日です (ashita wa doyō hi desu)
life	生活 (seikatsu)
woman	女 (onna)
man	男 (otoko)
love	愛 (ai)
boyfriend	彼氏 (kareshi)
girlfriend	彼女 (kanojo)
friend	友達 (tomodachi)
kiss	キス (kisu)
sex	セックス (sekkusu)
child	子供 (kodomo)
baby	赤ちゃん (akachan)

151 - 175

girl	女の子 (onnanoko)
boy	男の子 (otokonoko)
mum	ママ (mama)
dad	パパ (papa)
mother	母 (haha)
father	父 (chichi)
parents	両親 (ryōshin)
son	息子 (musuko)
daughter	娘 (musume)
little sister	妹 (imōto)
little brother	弟 (otōto)
big sister	姉 (ane)
big brother	兄 (ani)
to stand	立つ (tatsu)
to sit	座る (suwaru)
to lie	横になる (yoko ni naru)
to close	閉める (shimeru)
to open (e.g. a door)	開く (hiraku)
to lose	負ける (makeru)
to win	勝つ (katsu)
to die	死ぬ (shinu)
to live	生きる (ikiru)
to turn on	つける (tsukeru)
to turn off	消す (kesu)
to kill	殺す (korosu)

176 - 200

to injure	怪我をする (kega o suru)
to touch	触る (sawaru)
to watch	見る (miru)
to drink	飲む (nomu)
to eat	食べる (taberu)
to walk	歩く (aruku)
to meet	会う (au)
I am looking forward to seeing you	会えるのを楽しみにしています (aeru no o tanoshimi ni shite imasu)
to bet	賭ける (kakeru)
to kiss	キスする (kisu suru)
to follow	従う (shitagau)
to marry	結婚する (kekkon suru)
to answer	答える (kotaeru)
to ask	質問する (shitsumon suru)
question	質問 (shitsumon)
company	会社 (kaisha)
business	ビジネス (bijinesu)
job	仕事 (shigoto)
money	お金 (o kane)
telephone	電話 (denwa)
office	オフィス (ofisu)
doctor	医者 (isha)
hospital	病院 (byōin)
nurse	看護婦 (kango fu)
policeman	警察官 (keisatsu kan)

201 - 225

president (of a state)	大統領 (daitōryō)
Do you have a phone?	電話はありますか？ (denwa wa arimasu ka)
My telephone number is one four three two eight seven five four three	私の電話番号は143287543です (watashi no denwa bangō wa 143287543 desu)
white	白 (shiro)
black	黒 (kuro)
red	赤 (aka)
blue	青 (ao)
green	緑 (midori)
yellow	黄色 (kiiro)
slow	遅い (osoi)
quick	速い (hayai)
funny	面白い (omoshiroi)
unfair	不公平な (fu kōhei na)
fair	公平な (kōhei na)
difficult	難しい (muzukashī)
easy	簡単な (kantan na)
This is difficult	これは難しいです (kore wa muzukashī desu)
rich	豊富な (hōfu na)
poor	貧しい (mazushī)
strong	強い (tsuyoi)
weak	弱い (yowai)
safe (adjective)	安心な (anshin na)
tired	疲れた (tsukareta)
proud	誇り高い (hokori takai)
full (from eating)	満腹 (manpuku)

226 - 250

sick	病気の (byōki no)
healthy	健康的な (kenkōteki na)
angry	怒り (ikari)
low	低い (hikui)
high	高い (takai)
straight (line)	まっすぐな (massugu na)
every	ごと (goto)
always	いつも (itsu mo)
actually	実は (jitsu wa)
again	再度 (saido)
already	既に (sudeni)
less	よりも少ない (yori mo sukunai)
most	ほとんど (hotondo)
more	もっと (motto)
I want more	もっと欲しいです (motto hoshī desu)
none	何もない (nanimonai)
very	とっても (tottemo)
animal	動物 (dōbutsu)
pig	豚 (buta)
cow	牛 (ushi)
horse	馬 (uma)
dog	犬 (inu)
sheep	羊 (hitsuji)
monkey	猿 (saru)
cat	猫 (neko)

251 - 275

bear	熊 (kuma)
chicken (animal)	鶏 (niwatori)
duck	鴨 (kamo)
butterfly	蝶 (chō)
bee	蜂 (hachi)
fish (animal)	魚 (sakana)
Usually I don't eat fish	私は普段魚を食べません (watashi wa fudan sakana o tabemasen)
spider	蜘蛛 (kumo)
snake	ヘビ (hebi)
I have a dog	犬を飼っています (inu o katte imasu)
outside	外 (soto)
inside	中 (naka)
far	遠い (tōi)
close	近い (chikai)
below	下 (shita)
above	上 (ue)
beside	横 (yoko)
front	前 (mae)
back (position)	後ろ (ushiro)
sweet	甘い (amai)
sour	酸っぱい (suppai)
strange	風変わりな (fūgawari na)
soft	柔らかい (yawarakai)
hard	固い (katai)
cute	可愛い (kawai)

276 - 300

stupid	愚かな (oroka na)
crazy	狂った (kurutta)
busy	忙しい (isogashī)
tall	背が高い (se ga takai)
short (height)	背が低い (se ga hikui)
worried	心配している (shinpai shite iru)
surprised	驚いた (odoroita)
cool	かっこいい (kakko ī)
well-behaved	行儀のよい (gyōgi no yoi)
evil	意地悪い (iji warui)
clever	賢い (kashikoi)
cold (adjective)	寒い (samui)
hot (temperature)	暑い (atsui)
head	頭部 (tōbu)
nose	鼻 (hana)
hair	髪の毛 (kaminoke)
mouth	口 (kuchi)
ear	耳 (mimi)
eye	目 (me)
hand	手 (te)
foot	脚 (ashi)
heart	心臓 (shinzō)
brain	脳 (nō)
to pull (... open)	引く (hiku)
to push (... open)	押す (osu)

301 - 325

to press (a button)	押す (osu)
to hit	叩く (tataku)
to catch	キャッチする (kyacchi suru)
to fight	戦う (tatakau)
to throw	投げる (nageru)
to run	走る (hashiru)
to read	読む (yomu)
to write	書く (kaku)
to fix	修正する (shūsei suru)
to count	数える (kazoeru)
to cut	切る (kiru)
to sell	売る (uru)
to buy	買う (kau)
to pay	支払う (shiharau)
to study	勉強する (benkyō suru)
to dream	夢をみる (yume o miru)
to sleep	寝る (neru)
to play	遊ぶ (asobu)
to celebrate	祝う (iwau)
to rest	休憩する (kyūkei suru)
to enjoy	楽しむ (tanoshimu)
to clean	掃除する (sōji suru)
school	学校 (gakkō)
house	家屋 (kaoku)
door	ドア (doa)

326 - 350

husband	夫 (otto)
wife	妻 (tsuma)
wedding	結婚式 (kekkon shiki)
person	人 (hito)
car	車 (kuruma)
home	家 (ie)
city	都市 (toshi)
number	数字 (sūji)
21	二十一 (nijū ichi)
22	二十二 (nijū ni)
26	二十六 (nijū roku)
30	三十 (sanjū)
31	三十一 (sanjū ichi)
33	三十三 (sanjū san)
37	三十七 (sanjū nana)
40	四十 (yonjū)
41	四十一 (yonjū ichi)
44	四十四 (yonjū yon)
48	四十八 (yonjū hachi)
50	五十 (gojū)
51	五十一 (gojū ichi)
55	五十五 (gojū go)
59	五十九 (gojū kyū)
60	六十 (rokujū)
61	六十一 (rokujū ichi)

351 - 375

62	六十二	(rokujū ni)
66	六十六	(rokujū roku)
70	七十	(nanajū)
71	七十一	(nanajū ichi)
73	七十三	(nanajū san)
77	七十七	(nanajū nana)
80	八十	(hachijū)
81	八十一	(hachijū ichi)
84	八十四	(hachijū yon)
88	八十八	(hachijū hachi)
90	九十	(kyūjū)
91	九十一	(kyūjū ichi)
95	九十五	(kyūjū go)
99	九十九	(kyūjū kyū)
100	百	(hyaku)
1000	千	(sen)
10.000	一万	(ichi man)
100.000	十万	(jū man)
1.000.000	百万	(hyaku man)
my dog	私の犬	(watashi no inu)
your cat	あなたの猫	(anata no neko)
her dress	彼女のドレス	(kanojo no doresu)
his car	彼の車	(kare no kuruma)
its ball	そのボール	(sono bōru)
our home	私達の家	(watashitachi no ie)

376 - 400

your team	あなたのチーム (anata no chīmu)
their company	彼らの会社 (kare ra no kaisha)
everybody	みんな (minna)
together	一緒に (issho ni)
other	他人 (tanin)
doesn't matter	関係ない (kankei nai)
cheers	乾杯 (kanpai)
relax	楽にして (raku ni shite)
I agree	賛成です (sansei desu)
welcome	ようこそ (yō koso)
no worries	大丈夫 (daijōbu)
turn right	右に曲がる (migi ni magaru)
turn left	左に曲がる (hidari ni magaru)
go straight	真っすぐ行く (massugu iku)
Come with me	一緒においで (issho ni o ide)
egg	卵 (tamago)
cheese	チーズ (chīzu)
milk	牛乳 (gyūnyū)
fish (to eat)	魚 (sakana)
meat	肉 (niku)
vegetable	野菜 (yasai)
fruit	果物 (kudamono)
bone (food)	骨 (hone)
oil	油 (abura)
bread	パン (pan)

401 - 425

sugar	砂糖 (satō)
chocolate	チョコレート (chokorēto)
candy	キャンディー (kyandi)
cake	ケーキ (kēki)
drink	飲み物 (nomimono)
water	水 (mizu)
soda	ソーダ (sōda)
coffee	コーヒー (kōhī)
tea	お茶 (o cha)
beer	ビール (bīru)
wine	ワイン (wain)
salad	サラダ (sarada)
soup	スープ (sūpu)
dessert	デザート (dezāto)
breakfast	朝食 (chōshoku)
lunch	ランチ (ranchi)
dinner	ディナー (dinā)
pizza	ピザ (piza)
bus	バス (basu)
train	列車 (ressha)
train station	駅 (eki)
bus stop	バス停 (basu tei)
plane	飛行機 (hikō ki)
ship	船 (fune)
lorry	トラック (torakku)

426 - 450

bicycle	自転車 (jiten sha)
motorcycle	バイク (baiku)
taxi	タクシー (takushī)
traffic light	信号 (shingō)
car park	駐車場 (chūsha jō)
road	道路 (dōro)
clothing	衣類 (irui)
shoe	靴 (kutsu)
coat	コート (kōto)
sweater	セーター (sētā)
shirt	シャツ (shatsu)
jacket	ジャケット (jaketto)
suit	スーツ (sūtsu)
trousers	ズボン (zubon)
dress	ドレス (doresu)
T-shirt	Tシャツ (tī shatsu)
sock	靴下 (kutsushita)
bra	ブラジャー (burajā)
underpants	パンツ (pantsu)
glasses	眼鏡 (megane)
handbag	ハンドバッグ (handobaggu)
purse	財布 (saifu)
wallet	財布 (saifu)
ring	指輪 (yubiwa)
hat	帽子 (bōshi)

451 - 475

watch	腕時計 (ude tokei)
pocket	ポケット (poketto)
What's your name?	名前はなんですか？ (namae wa nan desu ka)
My name is David	私の名前はデイビッドです (watashi no namae wa Debiddo desu)
I'm 22 years old	22歳です (22 sai desu)
Sorry, I'm a little late	遅くなってすみません (osoku natte sumimasen)
How are you?	元気ですか？ (genki desu ka)
Are you ok?	大丈夫ですか？ (daijōbu desu ka)
Where is the toilet?	トイレはどこですか？ (toire wa doko desu ka)
I miss you	恋しいです (koishī desu)
spring	春 (haru)
summer	夏 (natsu)
autumn	秋 (aki)
winter	冬 (fuyu)
January	一月 (ichi gatsu)
February	二月 (ni gatsu)
March	三月 (san gatsu)
April	四月 (shi gatsu)
May	五月 (go gatsu)
June	六月 (roku gatsu)
July	七月 (shichi gatsu)
August	八月 (hachi gatsu)
September	九月 (kyū gatsu)
October	十月 (jū gatsu)
November	十一月 (jū ichi gatsu)

476 - 500

December	十二月 (jū ni gatsu)
shopping	買い物 (kaimono)
bill	請求書 (seikyū sho)
market	マーケット (māketto)
supermarket	スーパマーケット (sūpa māketto)
building	建物 (tatemono)
apartment	アパート (apāto)
university	大学 (daigaku)
farm	農場 (nōjō)
church	教会 (kyōkai)
restaurant	レストラン (resutoran)
bar	バー (bā)
gym	スポーツジム (supōtsu jimu)
park	公園 (kōen)
toilet (public)	トイレ (toire)
map	地図 (chizu)
ambulance	救急車 (kyūkyū sha)
police	警察 (keisatsu)
gun	銃 (jū)
firefighters	消防組 (shōbō gumi)
country	国 (kuni)
suburb	郊外 (kōgai)
village	村 (mura)
health	健康 (kenkō)
medicine	薬 (kusuri)

501 - 525

accident	事故 (jiko)
patient	患者 (kanja)
surgery	手術 (shujutsu)
pill	錠剤 (jōzai)
fever	熱 (netsu)
cold (sickness)	風邪 (kaze)
wound	傷口 (kizuguchi)
appointment	予約 (yoyaku)
cough	咳 (seki)
neck	首 (kubi)
bottom	尻 (shiri)
shoulder	肩 (kata)
knee	膝 (hiza)
leg	足 (ashi)
arm	腕 (ude)
belly	腹 (hara)
bosom	胸 (mune)
back (part of body)	背中 (senaka)
tooth	歯 (ha)
tongue	舌 (shita)
lip	唇 (kuchibiru)
finger	指 (yubi)
toe	つま先 (tsumasaki)
stomach	胃 (i)
lung	肺 (hai)

526 - 550

liver	肝臓 (kanzō)
nerve	神経 (shinkei)
kidney	腎臓 (jinzō)
intestine	腸 (chō)
colour	色 (iro)
orange (colour)	橙 (daidai)
grey	灰色 (haiiro)
brown	茶色 (chairo)
pink	桃色 (momoiro)
boring	つまらない (tsumaranai)
heavy	重い (omoi)
light (weight)	軽い (karui)
lonely	寂しい (sabishī)
hungry	腹ペコ (harapeko)
thirsty	渇く (kawaku)
sad	悲しい (kanashi)
steep	急な (kyū na)
flat	平らな (taira na)
round	丸い (marui)
square (adjective)	角ばった (kakubatta)
narrow	狭い (semai)
broad	幅広い (habahiroi)
deep	深い (fukai)
shallow	浅い (asai)
huge	広い (hiroi)

551 - 575

north	北 (kita)
east	東 (higashi)
south	南 (minami)
west	西 (nishi)
dirty	汚い (kitanai)
clean	きれい (kirei)
full (not empty)	満タン (mantan)
empty	空っぽ (karappo)
expensive	高い (takai)
This is quite expensive	これはかなり高価です (kore wa kanari kōka desu)
cheap	安い (yasui)
dark	暗い (kurai)
light (colour)	明るい (akarui)
sexy	セクシー (sekushī)
lazy	怠惰な (taida na)
brave	勇敢な (yūkan na)
generous	寛大な (kandai na)
handsome	ハンサム (hansamu)
ugly	醜い (minikui)
silly	ばかばかしい (bakabakashī)
friendly	フレンドリーな (furendorī na)
guilty	有罪な (yūzai na)
blind	目が見えない (me ga mienai)
drunk	酔っぱらっている (yopparatte iru)
wet	濡れた (nureta)

576 - 600

dry	乾いた (kawaita)
warm	暖かい (atatakai)
loud	うるさい (urusai)
quiet	静かな (shizuka na)
silent	静か (shizuka)
kitchen	キッチン (kicchin)
bathroom	バスルーム (basurūmu)
living room	リビング (ribingu)
bedroom	寝室 (shinshitsu)
garden	庭 (niwa)
garage	車庫 (shako)
wall	壁 (kabe)
basement	地下室 (chika shitsu)
toilet (at home)	トイレ (toire)
stairs	階段 (kaidan)
roof	屋根 (yane)
window (building)	窓 (mado)
knife	ナイフ (naifu)
cup (for hot drinks)	カップ (kappu)
glass	グラス (gurasu)
plate	皿 (sara)
cup (for cold drinks)	コップ (koppu)
garbage bin	ゴミ箱 (gomibako)
bowl	ボウル (bōru)
TV set	テレビセット (terebi setto)

601 - 625

desk	机 (tsukue)
bed	ベッド (beddo)
mirror	鏡 (kagami)
shower	シャワー (shawā)
sofa	ソファ (sofa)
picture	写真 (shashin)
clock	時計 (tokei)
table	テーブル (tēburu)
chair	椅子 (isu)
swimming pool (garden)	スイミングプール (suimingu pūru)
bell	呼び鈴 (yobirin)
neighbour	隣人 (rinjin)
to fail	失敗する (shippai suru)
to choose	選ぶ (erabu)
to shoot	撃つ (utsu)
to vote	投票する (tōhyō suru)
to fall	落ちる (ochiru)
to defend	守る (mamoru)
to attack	攻撃する (kōgeki suru)
to steal	盗む (nusumu)
to burn	焼く (yaku)
to rescue	救う (sukū)
to smoke	吸う (sū)
to fly	飛ぶ (tobu)
to carry	運ぶ (hakobu)

626 - 650

to spit	唾を吐く (tsuba o haku)
to kick	蹴る (keru)
to bite	噛む (kamu)
to breathe	息をする (iki o suru)
to smell	匂いを嗅ぐ (nioi o kagu)
to cry	泣く (naku)
to sing	歌う (utau)
to smile	笑顔になる (egao ni naru)
to laugh	笑う (warau)
to grow	成長する (seichō suru)
to shrink	収縮する (shūshuku suru)
to argue	喧嘩する (kenka suru)
to threaten	脅す (odosu)
to share	分け合う (wakeau)
to feed	食べさせる (tabesaseru)
to hide	隠す (kakusu)
to warn	警告する (keikoku suru)
to swim	泳ぐ (oyogu)
to jump	跳ぶ (tobu)
to roll	転がる (korogaru)
to lift	持ち上げる (mochiageru)
to dig	掘る (horu)
to copy	コピーする (kopī suru)
to deliver	届ける (todokeru)
to look for	探す (sagasu)

651 - 675

to practice	練習する (renshū suru)
to travel	旅行する (ryokō suru)
to paint	塗る (nuru)
to take a shower	シャワーを浴びる (shawā o abiru)
to open (unlock)	開ける (akeru)
to lock	鍵をかける (kagi o kakeru)
to wash	洗う (arau)
to pray	祈る (inoru)
to cook	料理する (ryōri suru)
book	本 (hon)
library	図書館 (tosho kan)
homework	宿題 (shukudai)
exam	試験 (shiken)
lesson	レッスン (ressun)
science	科学 (kagaku)
history	歴史 (rekishi)
art	美術 (bijutsu)
English	英語 (eigo)
French	フランス語 (Furansu go)
pen	ペン (pen)
pencil	鉛筆 (enpitsu)
3%	3パーセント (3 pāsento)
first	第一 (dai ichi)
second (2nd)	第二 (dai ni)
third	第三 (dai san)

676 - 700

fourth	第四 (dai yon)
result	結果 (kekka)
square (shape)	正四角形 (sei shikaku kei)
circle	円 (en)
area	面積 (menseki)
research	研究 (kenkyū)
degree	学位 (gakui)
bachelor	学士 (gakushi)
master	修士 (shūshi)
x < y	XはYよりも小さい (X wa Y yori mo chīsai)
x > y	XはYよりも大きい (X wa Y yori mo ōkī)
stress	ストレス (sutoresu)
insurance	保険 (hoken)
staff	スタッフ (sutaffu)
department	部門 (bumon)
salary	給料 (kyūryō)
address	住所 (jūsho)
letter (post)	手紙 (tegami)
captain	キャプテン (kyaputen)
detective	探偵 (tantei)
pilot	パイロット (pairotto)
professor	教授 (kyōju)
teacher	教師 (kyōshi)
lawyer	弁護士 (bengo shi)
secretary	秘書 (hisho)

701 - 725

assistant	アシスタント (ashisutanto)
judge	裁判官 (saiban kan)
director	ディレクター (direkutā)
manager	マネージャー (manējā)
cook	コック (kokku)
taxi driver	タクシーの運転手 (takushī no unten shu)
bus driver	バスの運転手 (basu no unten shu)
criminal	犯罪者 (hanzai sha)
model	モデル (moderu)
artist	アーティスト (ātisuto)
telephone number	電話番号 (denwa bangō)
signal (of phone)	信号 (shingō)
app	アプリ (apuri)
chat	チャット (chatto)
file	ファイル (fairu)
url	URL (URL)
e-mail address	メールアドレス (mēru adoresu)
website	ウェブサイト (webusaito)
e-mail	電子メール (denshi mēru)
My email address is david at pinhok dot com	私のメールアドレスはディ エイ ヴィ アイ ディ アットマーク ピー アイ エヌ エイチ オー ケイ ドット コムです (watashi no mēruadoresu wa di ei vui ai di attomaku pi ai enu eichi o kei dotto komu)
mobile phone	携帯 (keitai)
law	法律 (hōritsu)
prison	刑務所 (keimu sho)
evidence	証拠 (shōko)
fine	罰金 (bakkin)

726 - 750

witness	証人 (shōnin)
court	裁判所 (saiban sho)
signature	署名 (shomei)
loss	損失 (sonshitsu)
profit	利益 (rieki)
customer	顧客 (kokyaku)
amount	金額 (kingaku)
credit card	クレジットカード (kurejitto kādo)
password	パスワード (pasuwādo)
cash machine	ATM (ATM)
swimming pool (competition)	スイミングプール (suimingu pūru)
power	電気 (denki)
camera	カメラ (kamera)
radio	ラジオ (rajio)
present (gift)	プレゼント (purezento)
bottle	ボトル (botoru)
bag	バッグ (baggu)
key	鍵 (kagi)
doll	人形 (ningyō)
angel	天使 (tenshi)
comb	櫛 (kushi)
toothpaste	歯磨き粉 (hamigakiko)
toothbrush	歯ブラシ (ha burashi)
shampoo	シャンプー (shanpū)
cream (pharmaceutical)	クリーム (kurīmu)

751 - 775

tissue	ティッシュペーパー (tisshu pēpā)
lipstick	口紅 (kuchibeni)
TV	テレビ (terebi)
cinema	映画 (eiga)
I want to go to the cinema	映画を見に行きたいです (eiga o mi ni ikitaidesu)
news	ニュース (nyūsu)
seat	シート (shīto)
ticket	チケット (chiketto)
screen (cinema)	スクリーン (sukurīn)
music	音楽 (ongaku)
stage	ステージ (sutēji)
audience	観客 (kankyaku)
painting	絵画 (kaiga)
joke	冗談 (jōdan)
article	記事 (kiji)
newspaper	新聞 (shinbun)
magazine	雑誌 (zasshi)
advertisement	広告 (kōkoku)
nature	自然 (shizen)
ash	灰 (hai)
fire (general)	火 (hi)
diamond	ダイヤモンド (daiyamondo)
moon	月 (tsuki)
earth	地球 (chikyū)
sun	太陽 (taiyō)

776 - 800

star	星 (hoshi)
planet	惑星 (wakusei)
universe	宇宙 (uchū)
coast	沿岸 (engan)
lake	湖 (mizuumi)
forest	森 (mori)
desert (dry place)	砂漠 (sabaku)
hill	丘 (oka)
rock (stone)	岩石 (ganseki)
river	川 (kawa)
valley	谷 (tani)
mountain	山 (yama)
island	島 (shima)
ocean	海洋 (kaiyō)
sea	海 (umi)
weather	天気 (tenki)
ice	氷 (kōri)
snow	雪 (yuki)
storm	嵐 (arashi)
rain	雨 (ame)
wind	風 (kaze)
plant	植物 (shokubutsu)
tree	木 (ki)
grass	草 (kusa)
rose	薔薇 (bara)

801 - 825

flower	花 (hana)
gas	ガス (gasu)
metal	金属 (kinzoku)
gold	金 (kin)
silver	銀 (gin)
Silver is cheaper than gold	銀は金よりも安いです (gin wa kin yori mo yasui desu)
Gold is more expensive than silver	金は銀よりも高いです (kin wa gin yori mo takai desu)
holiday	休日 (kyūjitsu)
member	メンバー (menbā)
hotel	ホテル (hoteru)
beach	ビーチ (bīchi)
guest	ゲスト (gesuto)
birthday	誕生日 (tanjōbi)
Christmas	クリスマス (kurisumasu)
New Year	新年 (shinnen)
Easter	イースター (īsutā)
uncle	叔父 (oji)
aunt	叔母 (oba)
grandmother (paternal)	祖母 (sobo)
grandfather (paternal)	祖父 (sofu)
grandmother (maternal)	祖母 (sobo)
grandfather (maternal)	祖父 (sofu)
death	死 (shi)
grave	墓 (haka)
divorce	離婚 (rikon)

826 - 850

bride	花嫁 (hanayome)
groom	花婿 (hanamuko)
101	百一 (hyaku ichi)
105	百五 (hyaku go)
110	百十 (hyaku jū)
151	百五十一 (hyaku gojū ichi)
200	二百 (nihyaku)
202	二百二 (nihyaku ni)
206	二百六 (nihyaku roku)
220	二百二十 (nihyaku nijū)
262	二百六十二 (nihyaku rokujū ni)
300	三百 (sanbyaku)
303	三百三 (sanbyaku san)
307	三百七 (sanbyaku nana)
330	三百三十 (sanbyaku sanjū)
373	三百七十三 (sanbyaku nanajū san)
400	四百 (yonhyaku)
404	四百四 (yonhyaku yon)
408	四百八 (yonhyaku hachi)
440	四百四十 (yonhyaku yonjū)
484	四百八十四 (yonhyaku hachijū yon)
500	五百 (gohyaku)
505	五百五 (gohyaku go)
509	五百九 (gohyaku kyū)
550	五百五十 (gohyaku gojū)

851 - 875

595	五百九十五	(gohyaku kyūjū go)
600	六百	(roppyaku)
601	六百一	(roppyaku ichi)
606	六百六	(roppyaku roku)
616	六百十六	(roppyaku jū roku)
660	六百六十	(roppyaku rokujū)
700	七百	(nanahyaku)
702	七百二	(nanahyaku ni)
707	七百七	(nanahyaku nana)
727	七百二十七	(nanahyaku nijū nana)
770	七百七十	(nanahyaku nanajū)
800	八百	(happyaku)
803	八百三	(happyaku san)
808	八百八	(happyaku hachi)
838	八百三十八	(happyaku sanjū hachi)
880	八百八十	(happyaku hachijū)
900	九百	(kyūhyaku)
904	九百四	(kyūhyaku yon)
909	九百九	(kyūhyaku kyū)
949	九百四十九	(kyūhyaku yonjū kyū)
990	九百九十	(kyūhyaku kyūjū)
tiger	虎	(tora)
mouse (animal)	ねずみ	(nezumi)
rat	ラット	(ratto)
rabbit	うさぎ	(usagi)

876 - 900

lion	ライオン (raion)
donkey	ロバ (roba)
elephant	象 (zō)
bird	鳥 (tori)
cockerel	おんどり (ondori)
pigeon	鳩 (hato)
goose	ガチョウ (gachō)
insect	昆虫 (konchū)
bug	虫 (mushi)
mosquito	蚊 (ka)
fly	ハエ (hae)
ant	アリ (ari)
whale	鯨 (kujira)
shark	サメ (same)
dolphin	イルカ (iruka)
snail	カタツムリ (katatsumuri)
frog	カエル (kaeru)
often	たいてい (taitei)
immediately	すぐに (sugu ni)
suddenly	突然 (totsuzen)
although	それでも (sore de mo)
I don't understand	分かりません (wakarimasen)
I'm David, nice to meet you	デイビッドです、よろしくお願いします (deibiddo desu, yoroshiku o negaishimasu)
Let's watch a film	映画を見ましょう (eiga o mimashō)
This is my girlfriend Anna	これは私のガールフレンドアンナです (kore wa watashi no gārufurendo Anna desu)

901 - 925

Let's go home	帰りましょう (kaerimashō)
I want a cold coke	冷たいコーラが欲しいです (tsumetai kōra ga hoshī desu)
gymnastics	体操 (taisō)
tennis	テニス (tenisu)
running	ランニング (ranningu)
cycling	サイクリング (saikuringu)
golf	ゴルフ (gorufu)
ice skating	アイススケート (aisu sukēto)
football	サッカー (sakkā)
basketball	バスケットボール (basukettobōru)
swimming	水泳 (suiei)
diving (under the water)	ダイビング (daibingu)
hiking	ハイキング (haikingu)
United Kingdom	イギリス (Igirisu)
Spain	スペイン (Supein)
Switzerland	スイス (Suisu)
Italy	イタリア (Itaria)
France	フランス (Furansu)
Germany	ドイツ (Doitsu)
Thailand	タイ (Tai)
Singapore	シンガポール (Shingapōru)
Russia	ロシア (Roshia)
Japan	日本 (Nihon/Nippon)
Israel	イスラエル (Isuraeru)
India	インド (Indo)

926 - 950

China	中国 (Chūgoku)
The United States of America	アメリカ合衆国 (Amerika Gasshūkoku)
Mexico	メキシコ (Mekishiko)
Canada	カナダ (Kanada)
Chile	チリ (Chiri)
Brazil	ブラジル (Burajiru)
Argentina	アルゼンチン (Aruzenchin)
South Africa	南アフリカ (Minamiafurika)
Nigeria	ナイジェリア (Naijeria)
Morocco	モロッコ (Morokko)
Libya	リビア (Ribia)
Kenya	ケニア (Kenia)
Algeria	アルジェリア (Arujeria)
Egypt	エジプト (Ejiputo)
New Zealand	ニュージーランド (Nyūjīrando)
Australia	オーストラリア (Ōsutoraria)
Africa	アフリカ (Afurika)
Europe	ヨーロッパ (Yōroppa)
Asia	アジア (Ajia)
America	アメリカ (Amerika)
quarter of an hour	十五分 (jū go fun)
half an hour	三十分 (sanjū fun)
three quarters of an hour	四十五分 (yonjū go fun)
1:00	一時 (ichi ji)
2:05	二時五分 (ni ji go fun)

951 - 975

3:10	三時十分	(san ji jū fun)
4:15	四時十五分	(yon ji jū go fun)
5:20	五時二十分	(go ji nijū fun)
6:25	六時二十五分	(roku ji nijū go fun)
7:30	七時半	(nana ji han)
8:35	八時三十五分	(hachi ji sanjū go fun)
9:40	九時四十分	(kyū ji yonjū fun)
10:45	十時四十五分	(jū ji yonjū go fun)
11:50	十一時五十分	(jū ichi ji gojū fun)
12:55	十二時五十五分	(jū ni ji gojū go fun)
one o'clock in the morning	午前一時	(gozen ichi ji)
two o'clock in the afternoon	午後二時	(gogo ni ji)
last week	先週	(senshū)
this week	今週	(konshū)
next week	来週	(raishū)
last year	去年	(kyonen)
this year	今年	(kotoshi)
next year	来年	(rainen)
last month	先月	(sengetsu)
this month	今月	(kongetsu)
next month	来月	(raigetsu)
2014-01-01	２０１４年元日	(ni rei ichi yon nen ganjitsu)
2003-02-25	２００３年２月２５日	(ni rei rei san nen ni gatsu nijū go nichi)
1988-04-12	１９８８年４月１２日	(ichi kyū hachi hachi nen shi gatsu jū ni nichi)
1899-10-13	１８９９年１０月１３日	(ichi hachi kyū kyū nen jū gatsu jū san nichi)

2020-09-26   ni rei ni rei nen kyu
week - shū   gatsu niju roku
year - nen/shi (this)
month - getso

43

976 - 1000

1907-09-30	１９０７年９月３０日 (ichi kyū rei nana nen kyū gatsu sanjū nichi)
2000-12-12	２０００年１２月１２日 (ni rei rei rei nen jū ni gatsu jū ni nichi)
forehead	額 (hitai)
wrinkle	皺 (shiwa)
chin	顎 (ago)
cheek	頬 (hō)
beard	髭 (hige)
eyelashes	睫毛 (matsuge)
eyebrow	眉 (mayu)
waist	ウエスト (uesuto)
nape	項 (kō)
chest	胸部 (kyōbu)
thumb	親指 (oyayubi)
little finger	小指 (koyubi)
ring finger	薬指 (kusuriyubi)
middle finger	中指 (nakayubi)
index finger	人差し指 (hitosashi yubi)
wrist	手首 (tekubi)
fingernail	爪 (tsume)
heel	かかと (kakato)
spine	背骨 (sebone)
muscle	筋肉 (kinniku)
bone (part of body)	骨 (hone)
skeleton	骸骨 (gaikotsu)
rib	肋骨 (rokkotsu)

1001 - 1025

vertebra	椎骨	(tsuikotsu)
bladder	膀胱	(bōkō)
vein	静脈	(jōmyaku)
artery	動脈	(dōmyaku)
vagina	膣	(chitsu)
sperm	精子	(seishi)
penis	陰茎	(inkei)
testicle	睾丸	(kōgan)
juicy	ジューシー	(jūshī)
hot (spicy)	辛い	(tsurai)
salty	塩辛い	(shiokarai)
raw	生	(nama)
boiled	ゆでた	(yudeta)
shy	恥ずかしそうな	(hazukashi sō na)
greedy	欲深い	(yokubukai)
strict	厳しい	(kibishi)
deaf	耳が聞こえない	(mimi ga kikoenai)
mute	口がきけない	(kuchi ga kikenai)
chubby	太った	(futotta)
skinny	細身	(hosomi)
plump	豊満	(hōman)
slim	スリム	(surimu)
sunny	晴れ	(hare)
rainy	雨の	(ame no)
foggy	霧のかかった	(kiri no kakatta)

1026 - 1050

cloudy	曇った (kumotta)
windy	風が強い (kaze ga tsuyoi)
panda	パンダ (panda)
goat	ヤギ (yagi)
polar bear	シロクマ (shirokuma)
wolf	狼 (ōkami)
rhino	サイ (sai)
koala	コアラ (koara)
kangaroo	カンガルー (kangarū)
camel	らくだ (rakuda)
hamster	ハムスター (hamusutā)
giraffe	キリン (kirin)
squirrel	リス (risu)
fox	きつね (kitsune)
leopard	ヒョウ (hyō)
hippo	カバ (kaba)
deer	鹿 (shika)
bat	コウモリ (kōmori)
raven	カラス (karasu)
stork	コウノトリ (kōnotori)
swan	白鳥 (hakuchō)
seagull	カモメ (kamome)
owl	フクロウ (fukurō)
eagle	鷲 (washi)
penguin	ペンギン (pengin)

1051 - 1075

parrot	オウム (ōmu)
termite	シロアリ (shiroari)
moth	蛾 (ga)
caterpillar	あおむし (aomushi)
dragonfly	とんぼ (tonbo)
grasshopper	バッタ (batta)
squid	イカ (ika)
octopus	たこ (tako)
sea horse	タツノオトシゴ (tatsunootoshigo)
turtle	亀 (kame)
shell	貝 (kai)
seal	アザラシ (azarashi)
jellyfish	クラゲ (kurage)
crab	カニ (kani)
dinosaur	恐竜 (kyōryū)
tortoise	陸亀 (rikugame)
crocodile	ワニ (wani)
marathon	マラソン (marason)
triathlon	トライアスロン (toraiasuron)
table tennis	卓球 (takkyū)
weightlifting	重量挙げ (jūryō age)
boxing	ボクシング (bokushingu)
badminton	バドミントン (badominton)
figure skating	フィギュアスケート (figyua sukēto)
snowboarding	スノーボーディング (sunō bōdingu)

1076 - 1100

skiing	スキー (sukī)
cross-country skiing	クロスカントリースキー (kurosu kantorī sukī)
ice hockey	アイスホッケー (aisu hokkē)
volleyball	バレーボール (barēbōru)
handball	ハンドボール (handobōru)
beach volleyball	ビーチバレー (bīchi barē)
rugby	ラグビー (ragubī)
cricket	クリケット (kuriketto)
baseball	野球 (yakyū)
American football	アメリカンフットボール (amerikan futtobōru)
water polo	水球 (suikyū)
diving (into the water)	飛込競技 (tobikomi kyōgi)
surfing	サーフィン (sāfin)
sailing	セーリング (sēringu)
rowing	ボート競技 (bōto kyōgi)
car racing	カーレース (kā rēsu)
rally racing	ラリー (rarī)
motorcycle racing	オートバイレース (ōtobai rēsu)
yoga	ヨガ (yoga)
dancing	ダンス (dansu)
mountaineering	登山 (tozan)
parachuting	パラシューティング (para shūtingu)
skateboarding	スケートボーディング (sukēto bōdingu)
chess	チェス (chesu)
poker	ポーカー (pōkā)

1101 - 1125

climbing	クライミング	(kuraimingu)
bowling	ボーリング	(bōringu)
billiards	ビリヤード	(biriyādo)
ballet	バレエ	(barē)
warm-up	ウオームアップ	(uōmu appu)
stretching	ストレッチ	(sutorecchi)
sit-ups	シットアップ	(shitto appu)
push-up	腕立て伏せ	(udetate fuse)
sauna	サウナ	(sauna)
exercise bike	フィットネスバイク	(fittonesu baiku)
treadmill	トレッドミル	(toreddomiru)
1001	千一	(sen ichi)
1012	千十二	(sen jū ni)
1234	千二百三十四	(sen nihyaku sanjū yon)
2000	二千	(nisen)
2002	二千二	(nisen ni)
2023	二千二十三	(nisen nijū san)
2345	二千三百四十五	(nisen sanbyaku yonjū go)
3000	三千	(sanzen)
3003	三千三	(sanzen san)
4000	四千	(yonsen)
4045	四千四十五	(yonsen yonjū go)
5000	五千	(gosen)
5678	五千六百七十八	(gosen roppyaku nanajū hachi)
6000	六千	(rokusen)

1126 - 1150

7000	七千 (nanasen)
7890	七千八百九十 (nanasen happyaku kyūjū)
8000	八千 (hassen)
8901	八千九百一 (hassen kyūhyaku ichi)
9000	九千 (kyūsen)
9090	九千九十 (kyūsen kyūjū)
10.001	一万一 (ichi man ichi)
20.020	二万二十 (ni man nijū)
30.300	三万三百 (san man sanbyaku)
44.000	四万四千 (yon man yonsen)
10.000.000	一千万 (issen man)
100.000.000	一億 (ichi oku)
1.000.000.000	十億 (jū oku)
10.000.000.000	百億 (hyaku oku)
100.000.000.000	一千億 (issen oku)
1.000.000.000.000	一兆 (ichi chō)
to gamble	ギャンブルする (gyanburu suru)
to gain weight	太る (futoru)
to lose weight	痩せる (yaseru)
to vomit	吐く (haku)
to shout	叫ぶ (sakebu)
to stare	見つめる (mitsumeru)
to faint	気絶する (kizetsu suru)
to swallow	飲む (nomu)
to shiver	震える (furueru)

1151 - 1175

to give a massage	マッサージをする	(massāji o suru)
to climb	登る	(noboru)
to quote	引用する	(in yō suru)
to print	印刷する	(insatsu suru)
to scan	スキャンする	(sukyan suru)
to calculate	計算する	(keisan suru)
to earn	得る	(uru/eru)
to measure	測る	(hakaru)
to vacuum	掃除機をかける	(sōji ki o kakeru)
to dry	乾かす	(kawakasu)
to boil	茹でる	(yuderu)
to fry	炒める	(itameru)
elevator	エレベーター	(erebētā)
balcony	ベランダ	(beranda)
floor	床	(yuka)
attic	屋根裏部屋	(yaneura heya)
front door	表玄関	(omotegenkan)
corridor	廊下	(rōka)
second basement floor	地下二階	(chika ni kai)
first basement floor	地下一階	(chika ikkai)
ground floor	一階	(ikkai)
first floor	二階	(ni kai)
fifth floor	六階	(roku kai)
chimney	煙突	(entotsu)
fan	換気扇	(kanki sen)

1176 - 1200

air conditioner	エアコン (eakon)
coffee machine	コーヒーマシン (kōhī mashin)
toaster	トースター (tōsutā)
vacuum cleaner	掃除機 (sōji ki)
hairdryer	ヘアドライヤー (hea doraiyā)
kettle	やかん (yakan)
dishwasher	食器洗い機 (shokki arai ki)
cooker	焜炉 (konro)
oven	オーブン (ōbun)
microwave	電子レンジ (denshi renji)
fridge	冷蔵庫 (reizō ko)
washing machine	洗濯機 (sentaku ki)
heating	暖房装置 (danbō sōchi)
remote control	リモコン (rimokon)
sponge	スポンジ (suponji)
wooden spoon	しゃもじ (shamoji)
chopstick	箸 (hashi)
cutlery	カトラリー (katorari)
spoon	スプーン (supūn)
fork	フォーク (fōku)
ladle	しゃもじ (shamoji)
pot	鍋 (nabe)
pan	フライパン (furaipan)
light bulb	電球 (denkyū)
alarm clock	目覚まし時計 (mezamashi tokei)

1201 - 1225

safe (for money)	金庫 (kinko)
bookshelf	本棚 (hondana)
curtain	カーテン (kāten)
mattress	敷布団 (shikifuton)
pillow	枕 (makura)
blanket	毛布 (mōfu)
shelf	棚 (tana)
drawer	引き出し (hikidashi)
wardrobe	クローゼット (kurōzetto)
bucket	バケツ (baketsu)
broom	箒 (hōki)
washing powder	洗濯用洗剤 (sentaku yō senzai)
scale	体重計 (taijū kei)
laundry basket	洗濯籠 (sentaku kago)
bathtub	浴槽 (yokusō)
bath towel	バスタオル (basu taoru)
soap	石鹸 (sekken)
toilet paper	トイレットペーパー (toirettopēpā)
towel	タオル (taoru)
basin	洗面器 (senmen ki)
stool	スツール (sutsūru)
light switch	照明スイッチ (shōmei suicchi)
calendar	カレンダー (karendā)
power outlet	電源 (dengen)
carpet	カーペット (kāpetto)

1226 - 1250

saw	鋸 (nokogiri)
axe	斧 (ono)
ladder	はしご (hashigo)
hose	ホース (hōsu)
shovel	シャベル (shaberu)
shed	小屋 (koya)
pond	池 (ike)
mailbox (for letters)	ポスト (posuto)
fence	フェンス (fensu)
deck chair	デッキチェア (dekki chea)
ice cream	アイスクリーム (aisu kurīmu)
cream (food)	クリーム (kurīmu)
butter	バター (batā)
yoghurt	ヨーグルト (yōguruto)
fishbone	魚の骨 (sakana no hone)
tuna	マグロ (maguro)
salmon	鮭 (sake)
lean meat	赤身 (akami)
fat meat	脂身 (aburami)
ham	ハム (hamu)
salami	サラミ (sarami)
bacon	ベーコン (bēkon)
steak	ステーキ (sutēki)
sausage	ソーセージ (sōsēji)
turkey	七面鳥肉 (shichimenchō niku)

1251 - 1275

chicken (meat)	鶏肉 (keiniku)
beef	牛肉 (gyūniku)
pork	豚肉 (butaniku)
lamb	羊肉 (yōniku)
pumpkin	かぼちゃ (kabocha)
mushroom	マッシュルーム (masshurūmu)
truffle	トリュフ (toryufu)
garlic	ニンニク (ninniku)
leek	西洋葱 (seiyō negi)
ginger	生姜 (shōga)
aubergine	茄子 (nasu)
sweet potato	サツマイモ (satsuma imo)
carrot	人参 (ninjin)
cucumber	キュウリ (kyūri)
chili	唐辛子 (tōgarashi)
pepper (vegetable)	パプリカ (papurika)
onion	タマネギ (tamanegi)
potato	じゃがいも (jagaimo)
cauliflower	カリフラワー (karifurawā)
cabbage	キャベツ (kyabetsu)
broccoli	ブロッコリー (burokkorī)
lettuce	レタス (retasu)
spinach	ほうれん草 (hōren sō)
bamboo (food)	竹 (take)
corn	トウモロコシ (tōmorokoshi)

1276 - 1300

celery	セロリ (serori)
pea	エンドウマメ (endoumame)
bean	豆 (mame)
pear	梨 (nashi)
apple	リンゴ (ringo)
peel	皮 (kawa)
pit	種 (tane)
olive	オリーブ (orību)
date (food)	デーツ (dētsu)
fig	イチジク (ichijiku)
coconut	ココナッツ (kokonattsu)
almond	アーモンド (āmondo)
hazelnut	ヘーゼルナッツ (hēzerunattsu)
peanut	ピーナツ (pīnatsu)
banana	バナナ (banana)
mango	マンゴー (mangō)
kiwi	キウイ (kiui)
avocado	アボカド (abokado)
pineapple	パイナップル (painappuru)
water melon	スイカ (suika)
grape	ぶどう (budō)
sugar melon	ハニーデューメロン (hanī dyū meron)
raspberry	ラズベリー (razuberī)
blueberry	ブルーベリー (burūberī)
strawberry	苺 (ichigo)

1301 - 1325

cherry	サクランボ (sakuranbo)
plum	梅 (ume)
apricot	杏子 (anzu)
peach	桃 (momo)
lemon	レモン (remon)
grapefruit	グレープフルーツ (gurēpufurūtsu)
orange (food)	オレンジ (orenji)
tomato	トマト (tomato)
mint	ミント (minto)
lemongrass	レモングラス (remon gurasu)
cinnamon	シナモン (shinamon)
vanilla	バニラ (banira)
salt	塩 (shio)
pepper (spice)	胡椒 (koshō)
curry	カレー (karē)
tobacco	タバコ (tabako)
tofu	豆腐 (tōfu)
vinegar	酢 (su)
noodle	麺 (men)
soy milk	豆乳 (tōnyū)
flour	小麦粉 (komugiko)
rice	米 (kome)
oat	オート麦 (ōto mugi)
wheat	小麦 (komugi)
soy	大豆 (daizu)

1326 - 1350

nut	ナッツ (nattsu)
scrambled eggs	スクランブルエッグ (sukuranburu eggu)
porridge	ポリッジ (porijji)
cereal	シリアル (shiriaru)
honey	蜂蜜 (hachimitsu)
jam	ジャム (jamu)
chewing gum	ガム (gamu)
apple pie	アップルパイ (appuru pai)
waffle	ワッフル (waffuru)
pancake	ホットケーキ (hottokēki)
cookie	クッキー (kukki)
pudding	プリン (purin)
muffin	マフィン (mafin)
doughnut	ドーナツ (dōnatsu)
energy drink	栄養ドリンク (eiyō dorinku)
orange juice	オレンジジュース (orenji jūsu)
apple juice	リンゴジュース (ringo jūsu)
milkshake	ミルクセーキ (miruku sēki)
coke	コーラ (kōra)
lemonade	レモネード (remonēdo)
hot chocolate	ホットチョコレート (hotto chokorēto)
milk tea	ミルクティー (miruku tī)
green tea	緑茶 (ryokucha)
black tea	紅茶 (kōcha)
tap water	水道水 (suidō sui)

1351 - 1375

cocktail	カクテル	(kakuteru)
champagne	シャンパン	(shanpan)
rum	ラム酒	(ramu shu)
whiskey	ウイスキー	(uisukī)
vodka	ウォッカ	(wokka)
buffet	ビュッフェ	(byuffe)
tip	チップ	(chippu)
menu	メニュー	(menyū)
seafood	シーフード	(shīfūdo)
snack	スナック	(sunakku)
side dish	副菜	(fukusai)
spaghetti	スパゲティ	(supageti)
roast chicken	ローストチキン	(rōsuto chikin)
potato salad	ポテトサラダ	(poteto sarada)
mustard	マスタード	(masutādo)
sushi	寿司	(sushi)
popcorn	ポップコーン	(poppukōn)
nachos	ナチョス	(nachosu)
chips	チップス	(chippusu)
French fries	フライドポテト	(furaido poteto)
chicken wings	チキンウイング	(chikin uingu)
mayonnaise	マヨネーズ	(mayonēzu)
tomato sauce	トマトソース	(tomato sōsu)
sandwich	サンドイッチ	(sandoicchi)
hot dog	ホットドック	(hotto dokku)

1376 - 1400

burger	ハンバーガー (hanbāgā)
booking	予約 (yoyaku)
hostel	ホステル (hosuteru)
visa	ビザ (biza)
passport	パスポート (pasupōto)
diary	日記 (nikki)
postcard	ポストカード (posutokādo)
backpack	バックパック (bakkupakku)
campfire	キャンプファイヤー (kyanpu faiyā)
sleeping bag	寝袋 (nebukuro)
tent	テント (tento)
camping	キャンプ (kyanpu)
membership	メンバーシップ (menbāshippu)
reservation	予約 (yoyaku)
dorm room	相部屋 (aibeya)
double room	ダブルルーム (daburu rūmu)
single room	シングルルーム (shinguru rūmu)
luggage	荷物 (nimotsu)
lobby	ロビー (robī)
decade	十年 (jū nen)
century	世紀 (seiki)
millennium	千年紀 (sen nenki)
Thanksgiving	サンクスギビング (sankusugibingu)
Halloween	ハロウィーン (harowīn)
Ramadan	ラマダン (ramadan)

1401 - 1425

grandchild	孫 (mago)
siblings	兄弟姉妹 (kyōdai shimai)
mother-in-law	義母 (gibo)
father-in-law	義父 (gifu)
granddaughter	孫娘 (magomusume)
grandson	孫 (mago)
son-in-law	婿 (muko)
daughter-in-law	嫁 (yome)
nephew	甥 (oi)
niece	姪 (mei)
cousin (female)	従姉妹 (jūshimai)
cousin (male)	従兄弟 (jūkeitei)
cemetery	墓地 (bochi)
gender	性別 (seibetsu)
urn	骨壷 (kotsutsubo)
orphan	孤児 (koji)
corpse	死体 (shitai)
coffin	棺桶 (kanoke)
retirement	退職 (taishoku)
funeral	葬式 (sōshiki)
honeymoon	ハネムーン (hanemūn)
wedding ring	結婚指輪 (kekkon yubiwa)
lovesickness	恋の病 (koi no yamai)
vocational training	職業訓練 (shokugyō kunren)
high school	高校 (kōkō)

1426 - 1450

junior school	中学校 (chū gakkō)
twins	双子 (futago)
primary school	小学校 (shō gakkō)
kindergarten	幼稚園 (yōchi en)
birth	誕生 (tanjō)
birth certificate	出生証明書 (shusshō shōmei sho)
hand brake	ハンドブレーキ (hando burēki)
battery	バッテリー (batterī)
motor	モーター (mōtā)
windscreen wiper	ワイパー (waipā)
GPS	GPS (GPS)
airbag	エアバッグ (ea baggu)
horn	クラクション (kurakushon)
clutch	クラッチ (kuracchi)
brake	ブレーキ (burēki)
throttle	アクセルペダル (akuseru pedaru)
steering wheel	ハンドル (handoru)
petrol	ガソリン (gasorin)
diesel	ディーゼル (dīzeru)
seatbelt	シートベルト (shīto beruto)
bonnet	ボンネット (bonnetto)
tyre	タイヤ (taiya)
rear trunk	トランク (toranku)
railtrack	レール (rēru)
ticket vending machine	券売機 (kenbai ki)

1451 - 1475

ticket office	切符売り場	(kippu uriba)
subway	地下鉄	(chika tetsu)
high-speed train	快速電車	(kaisoku densha)
locomotive	機関車	(kikan sha)
platform	プラットホーム	(purattohōmu)
tram	路面電車	(romen densha)
school bus	スクールバス	(sukūru basu)
minibus	マイクロバス	(maikurobasu)
fare	運賃	(unchin)
timetable	時刻表	(jikoku hyō)
airport	空港	(kūkō)
departure	出発	(shuppatsu)
arrival	到着	(tōchaku)
customs	関税	(kanzei)
airline	航空会社	(kōkū kaisha)
helicopter	ヘリコプター	(herikoputā)
check-in desk	チェックインカウンター	(chekku in kauntā)
carry-on luggage	手荷物	(te nimotsu)
first class	ファーストクラス	(fāsuto kurasu)
economy class	エコノミークラス	(ekonomī kurasu)
business class	ビジネスクラス	(bijinesu kurasu)
emergency exit (on plane)	非常口	(hijō guchi)
aisle	通路側	(tsūro gawa)
window (in plane)	窓側	(madogawa)
row	列	(retsu)

1476 - 1500

wing	ウイング (uingu)
engine	エンジン (enjin)
cockpit	コックピット (kokkupitto)
life jacket	救命胴衣 (kyūmei dōi)
container	コンテナ (kontena)
submarine	潜水艦 (sensui kan)
cruise ship	クルーズ船 (kurūzu sen)
container ship	コンテナ船 (kontena sen)
yacht	ヨット (yotto)
ferry	フェリー (ferī)
harbour	港 (minato)
lifeboat	救命ボート (kyūmei bōto)
radar	レーダー (rēdā)
anchor	アンカー (ankā)
life buoy	救命ブイ (kyūmei bui)
street light	街灯 (gaitō)
pavement	歩道 (hodō)
petrol station	ガソリンスタンド (gasorin sutando)
construction site	工事現場 (kōji genba)
speed limit	制限速度 (seigen sokudo)
pedestrian crossing	横断歩道 (ōdan hodō)
one-way street	一方通行 (ippō tsūkō)
toll	通行料金 (tsūkō ryōkin)
intersection	交差点 (kōsa ten)
traffic jam	交通渋滞 (kōtsū jūtai)

1501 - 1525

motorway	高速道路 (kōsoku dōro)
tank	戦車 (sensha)
road roller	ロードローラー (rōdo rōrā)
excavator	掘削機 (kussaku ki)
tractor	トラクター (torakutā)
air pump	タイヤポンプ (taiya ponpu)
chain	チェーン (chēn)
jack	ジャッキ (jakki)
trailer	トレーラー (torērā)
motor scooter	スクーター (sukūtā)
cable car	ロープウエー (rōpuuē)
guitar	ギター (gitā)
drums	ドラム (doramu)
keyboard (music)	キーボード (kībōdo)
trumpet	トランペット (toranpetto)
piano	ピアノ (piano)
saxophone	サクソフォン (sakusofon)
violin	バイオリン (baiorin)
concert	コンサート (konsāto)
note (music)	音符 (onpu)
opera	オペラ (opera)
orchestra	オーケストラ (ōkesutora)
rap	ラップ (rappu)
classical music	クラシック音楽 (kurashikku ongaku)
folk music	民族音楽 (minzoku ongaku)

1526 - 1550

rock (music)	ロック (rokku)
pop	ポップ (poppu)
jazz	ジャズ (jazu)
theatre	劇場 (gekijō)
brush (to paint)	ブラシ (burashi)
samba	サンバ (sanba)
rock 'n' roll	ロックンロール (rokkunrōru)
Viennese waltz	ウィンナワルツ (winna warutsu)
tango	タンゴ (tango)
salsa	サルサ (sarusa)
alphabet	アルファベット (arufabetto)
novel	小説 (shōsetsu)
text	テキスト (tekisuto)
heading	見出し (midashi)
character	文字 (moji)
letter (like a, b, c)	文字 (moji)
content	内容 (naiyō)
photo album	フォトアルバム (foto arubamu)
comic book	漫画本 (manga hon)
sports ground	運動場 (undō jō)
dictionary	辞書 (jisho)
term	学期 (gakki)
notebook	ノート (nōto)
blackboard	黒板 (kokuban)
schoolbag	通学鞄 (tsūgaku kaban)

1551 - 1575

school uniform	制服 (seifuku)
geometry	幾何学 (kika gaku)
politics	政治学 (seiji gaku)
philosophy	哲学 (tetsugaku)
economics	経済学 (keizai gaku)
physical education	体育 (taiiku)
biology	生物学 (seibutsu gaku)
mathematics	数学 (sūgaku)
geography	地理 (chiri)
literature	文学 (bungaku)
Arabic	アラビア語 (Arabia go)
German	ドイツ語 (Doitsu go)
Japanese	日本語 (Nippon go)
Mandarin	北京語 (Pekin go)
Spanish	スペイン語 (Supein go)
chemistry	化学 (kagaku)
physics	物理学 (butsuri gaku)
ruler	ものさし (monosashi)
rubber	消しゴム (keshi gomu)
scissors	ハサミ (hasami)
adhesive tape	セロテープ (serotēpu)
glue	のり (nori)
ball pen	ボールペン (bōru pen)
paperclip	ペーパークリップ (pēpā kurippu)
100%	100パーセント (100 pāsento)

1576 - 1600

0%	0パーセント (0 pāsento)
cubic meter	立方メートル (rippō mētoru)
square meter	平方メートル (heihō mētoru)
mile	マイル (mairu)
meter	メートル (mētoru)
decimeter	デシメートル (deshimētoru)
centimeter	センチメートル (senchimētoru)
millimeter	ミリメートル (mirimētoru)
addition	足し算 (tashizan)
subtraction	引き算 (hikizan)
multiplication	掛け算 (kakezan)
division	割り算 (warizan)
fraction	分数 (bunsū)
sphere	球体 (kyūtai)
width	横幅 (yokohaba)
height	高さ (taka sa)
volume	体積 (taiseki)
curve	曲線 (kyokusen)
angle	角度 (kakudo)
straight line	直線 (chokusen)
pyramid	ピラミッド (piramiddo)
cube	立方体 (rippō tai)
rectangle	長方形 (chō hōkei)
triangle	三角形 (sankaku kei)
radius	半径 (hankei)

1601 - 1625

watt	ワット (watto)
ampere	アンペア (an pea)
volt	ヴォルト (boruto)
force	力 (chikara)
liter	リッター (rittā)
milliliter	ミリリットル (miririttoru)
ton	トン (ton)
kilogram	キログラム (kiroguramu)
gram	グラム (guramu)
magnet	磁石 (jishaku)
microscope	顕微鏡 (kenbi kyō)
funnel	漏斗 (rōto)
laboratory	実験室 (jikken shitsu)
canteen	カフェテリア (kafeteria)
lecture	授業 (jugyō)
scholarship	奨学金 (shōgaku kin)
diploma	ディプロマ (dipuroma)
lecture theatre	講堂 (kōdō)
3.4	三・四 (san dotto yon)
3 to the power of 5	三の五乗 (san no go jō)
4 / 2	四割る二 (yon waru ni)
1 + 1 = 2	一足す一は二 (ichi tasu ichi wa ni)
full stop	句点 (kuten)
6^3	六の三乗 (roku no san jō)
4^2	四の二乗 (yon no ni jō)

1626 - 1650

contact@pinhok.com	コンタクト アト ピ アイ エヌ エイチ オ ケイ ドット コム (kontakuto ato pi ai enu eichi o kei dotto komu)
&	アンパサンド (anpasando)
/	スラッシュ (surasshu)
()	括弧 (kakko)
semicolon	セミコロン (semikoron)
comma	読点 (tōten)
colon	コロン (koron)
www.pinhok.com	ダブリューダブリューダブリュードットピ アイ エヌ エイチ オ ケイ ドットコ (daburyū daburyū daburyū dotto pi ai enu eichi o kei dotto komu)
underscore	アンダースコア (andā sukoa)
hyphen	ハイフン (haifun)
3 - 2	三引く二 (san hiku ni)
apostrophe	アポストロフィ (aposutorofi)
2 x 3	二掛ける三 (ni kakeru san)
1 + 2	一足す二 (ichi tasu ni)
exclamation mark	感嘆符 (kantan fu)
question mark	疑問符 (gimon fu)
space	スペース (supēsu)
soil	土 (tsuchi)
lava	溶岩 (yōgan)
coal	石炭 (sekitan)
sand	砂 (suna)
clay	粘土 (nendo)
rocket	ロケット (roketto)
satellite	衛星 (eisei)
galaxy	銀河 (ginga)

1651 - 1675

asteroid	小惑星 (shō wakusei)
continent	大陸 (tairiku)
equator	赤道 (sekidō)
South Pole	南極 (Nankyoku)
North Pole	北極 (Hokkyoku)
stream	川 (kawa)
rainforest	雨林 (urin)
cave	洞窟 (dōkutsu)
waterfall	滝 (taki)
shore	海岸 (kaigan)
glacier	氷河 (hyōga)
earthquake	地震 (jishin)
crater	クレーター (kurētā)
volcano	火山 (kazan)
canyon	渓谷 (keikoku)
atmosphere	大気 (taiki)
pole	極 (kyoku)
12 °C	摂氏１２度 (sesshi ichi ni do)
0 °C	摂氏０度 (sesshi rei do)
-2 °C	摂氏マイナス２度 (sesshi mainasu ni do)
Fahrenheit	華氏 (kashi)
centigrade	摂氏 (sesshi)
tornado	竜巻 (tatsumaki)
flood	洪水 (kōzui)
fog	霧 (kiri)

1676 - 1700

rainbow	虹 (niji)
thunder	雷 (kaminari)
lightning	稲妻 (inazuma)
thunderstorm	雷雨 (raiu)
temperature	気温 (kion)
typhoon	台風 (taifū)
hurricane	ハリケーン (harikēn)
cloud	雲 (kumo)
sunshine	日光 (nikkō)
bamboo (plant)	竹 (take)
palm tree	椰子 (yashi)
branch	枝 (eda)
leaf	葉 (ha)
root	根 (ne)
trunk	幹 (miki)
cactus	サボテン (saboten)
sunflower	ひまわり (himawari)
seed	種 (tane)
blossom	花 (hana)
stalk	茎 (kuki)
plastic	プラスチック (purasuchikku)
carbon dioxide	二酸化炭素 (ni sanka tanso)
solid	固体 (kotai)
fluid	液体 (ekitai)
atom	原子 (genshi)

1701 - 1725

iron	鉄 (tetsu)
oxygen	酸素 (sanso)
flip-flops	ビーチサンダル (bīchi sandaru)
leather shoes	革靴 (kawagutsu)
high heels	ハイヒール (hai hīru)
trainers	スニーカー (sunīkā)
raincoat	レインコート (rein kōto)
jeans	ジーンズ (jīnzu)
skirt	スカート (sukāto)
shorts	短パン (tanpan)
pantyhose	パンスト (pansuto)
thong	Tバック (T bakku)
panties	パンティー (pantī)
crown	冠 (kanmuri)
tattoo	刺青 (irezumi)
sunglasses	サングラス (sangurasu)
umbrella	傘 (kasa)
earring	イヤリング (iyaringu)
necklace	ネックレス (nekkuresu)
baseball cap	ベースボールキャップ (bēsubōru kyappu)
belt	ベルト (beruto)
tie	ネクタイ (nekutai)
knit cap	ニット帽 (nitto bō)
scarf	スカーフ (sukāfu)
glove	手袋 (tebukuro)

1726 - 1750

swimsuit	水着 (mizugi)
bikini	ビキニ (bikini)
swim trunks	水泳パンツ (suiei pantsu)
swim goggles	ゴーグル (gōguru)
barrette	バレッタ (baretta)
brunette	ブルネット (burunetto)
blond	ブロンド (burondo)
bald head	はげ頭 (hageatama)
straight (hair)	ストレート (sutorēto)
curly	巻き髪 (makigami)
button	ボタン (botan)
zipper	ジッパー (jippā)
sleeve	スリーブ (surību)
collar	襟 (eri)
polyester	ポリエステル (poriesuteru)
silk	シルク (shiruku)
cotton	綿 (men)
wool	ウール (ūru)
changing room	更衣室 (kōi shitsu)
face mask	フェイスパック (feisu pakku)
perfume	香水 (kōsui)
tampon	タンポン (tanpon)
nail scissors	爪切ハサミ (tsumekire hasami)
nail clipper	爪切り (tsumekiri)
hair gel	ヘアジェル (hea jeru)

1751 - 1775

shower gel	シャワージェル (shawā jeru)
condom	コンドーム (kondōmu)
shaver	髭剃り器 (higesori ki)
razor	剃刀 (kamisori)
sunscreen	日焼け止めクリーム (hiyake tome kurīmu)
face cream	フェイシャルクリーム (feisharu kurīmu)
brush (for cleaning)	ヘアブラシ (hea burashi)
nail polish	マニキュア (manikyua)
lip gloss	リップグロス (rippu gurosu)
nail file	爪やすり (tsumeyasuri)
foundation	ファンデーション (fandēshon)
mascara	マスカラ (masukara)
eye shadow	アイシャドウ (ai shadō)
warranty	保証 (hoshō)
bargain	バーゲン (bāgen)
cash register	レジ (reji)
basket	バスケット (basuketto)
shopping mall	ショッピングセンター (shoppingu sentā)
pharmacy	薬局 (yakkyoku)
skyscraper	摩天楼 (maten rō)
castle	城 (shiro)
embassy	大使館 (taishi kan)
synagogue	シナゴーグ (shinagōgu)
temple	お寺 (o tera)
factory	工場 (kōjō)

1776 - 1800

mosque	モスク (mosuku)
town hall	市役所 (shi yakusho)
post office	郵便局 (yūbin kyoku)
fountain	噴水 (funsui)
night club	ナイトクラブ (naitokurabu)
bench	ベンチ (benchi)
golf course	ゴルフ場 (gorufu jō)
football stadium	サッカースタジアム (sakkā sutajiamu)
swimming pool (building)	スイミングプール (suimingu pūru)
tennis court	テニスコート (tenisu kōto)
tourist information	観光案内 (kankō annai)
casino	カジノ (kajino)
art gallery	美術館 (bijutsu kan)
museum	博物館 (hakubutsu kan)
national park	国立公園 (kokuritsu kōen)
tourist guide	ガイドブック (gaidobukku)
souvenir	お土産 (o miyage)
alley	路地 (roji)
dam	ダム (damu)
steel	スチール (suchiru)
crane	クレーン (kurēn)
concrete	コンクリート (konkurito)
scaffolding	足場 (ashiba)
brick	レンガ (renga)
paint	ペンキ (penki)

1801 - 1825

nail	釘	(kugi)
screwdriver	スクリュードライバー	(sukuryū doraibā)
tape measure	巻き尺	(makijaku)
pincers	釘抜き	(kuginuki)
hammer	ハンマー	(hanmā)
drilling machine	ドリル	(doriru)
aquarium	水族館	(suizoku kan)
water slide	ウォータースライダー	(wōtā suraidā)
roller coaster	ローラーコースター	(rōrā kōsutā)
water park	親水公園	(shinsui kōen)
zoo	動物園	(dōbutsu en)
playground	遊び場	(asobiba)
slide	滑り台	(suberidai)
swing	ブランコ	(buranko)
sandbox	砂場	(sunaba)
helmet	ヘルメット	(herumetto)
uniform	制服	(seifuku)
fire (emergency)	火事	(kaji)
emergency exit (in building)	非常口	(hijō guchi)
fire alarm	火災警報	(kasai keihō)
fire extinguisher	消火器	(shōka ki)
police station	警察署	(keisatsu sho)
state	州	(shū)
region	地域	(chiiki)
capital	首都	(shuto)

1826 - 1850

visitor	訪問者 (hōmon sha)
emergency room	救命センター (kyūmei sentā)
intensive care unit	集中治療室 (shūchū chiryō shitsu)
outpatient	外来患者 (gairai kanja)
waiting room	待合室 (machiai shitsu)
aspirin	アスピリン (asupirin)
sleeping pill	睡眠薬 (suimin yaku)
expiry date	消費期限 (shōhi kigen)
dosage	投薬量 (tōyaku ryō)
cough syrup	咳止め (sekidome)
side effect	副作用 (fuku sayō)
insulin	インスリン (insurin)
powder	粉薬 (kogusuri)
capsule	カプセル (kapuseru)
vitamin	ビタミン (bitamin)
infusion	点滴 (tenteki)
painkiller	鎮痛剤 (chintsū zai)
antibiotics	抗生物質 (kōsei busshitsu)
inhaler	吸入器 (kyūnyū ki)
bacterium	細菌 (saikin)
virus	ウィルス (wirusu)
heart attack	心臓発作 (shinzō hossa)
diarrhea	下痢 (geri)
diabetes	糖尿病 (tōnyō byō)
stroke	脳卒中 (nō socchū)

1851 - 1875

asthma	喘息 (zensoku)
cancer	癌 (gan)
nausea	吐き気 (hakike)
flu	インフルエンザ (infuruenza)
toothache	歯痛 (shitsū)
sunburn	日焼け (hiyake)
poisoning	中毒 (chūdoku)
sore throat	喉の痛み (nodo no itami)
hay fever	花粉症 (kafun shō)
stomach ache	腹痛 (fukutsū)
infection	感染症 (kansen shō)
allergy	アレルギー (arerugī)
cramp	けいれん (keiren)
nosebleed	鼻血 (hanadi)
headache	頭痛 (zutsū)
spray	スプレー (supurē)
syringe (tool)	シリンジ (shirinji)
needle	針 (hari)
dental brace	矯正具 (kyōsei gu)
crutch	松葉杖 (matsuba tsue)
X-ray photograph	レントゲン写真 (rentogen shashin)
ultrasound machine	超音波検査 (chō onpa kensa)
plaster	カットバン (katto ban)
bandage	包帯 (hōtai)
wheelchair	車いす (kuruma isu)

1876 - 1900

blood test	血液検査 (ketsueki kensa)
cast	ギプス (gipusu)
fever thermometer	体温計 (taion kei)
pulse	脈拍 (myakuhaku)
injury	怪我 (kega)
emergency	緊急 (kinkyū)
concussion	脳震盪 (nō shintō)
suture	縫合 (hōgō)
burn	火傷 (yakedo)
fracture	骨折 (kossetsu)
meditation	瞑想 (meisō)
massage	マッサージ (massāji)
birth control pill	避妊用ピル (hinin yō piru)
pregnancy test	妊娠検査 (ninshin kensa)
tax	税金 (zeikin)
meeting room	会議室 (kaigi shitsu)
business card	名刺 (meishi)
IT	IT (IT)
human resources	人事 (jinji)
legal department	法務部 (hōmu bu)
accounting	経理 (keiri)
marketing	マーケティング (māketingu)
sales	営業 (eigyō)
colleague	同僚 (dōryō)
employer	雇用主 (koyō shu)

1901 - 1925

employee	従業員 (jūgyō in)
note (information)	メモ (memo)
presentation	プレゼンテーション (purezentēshon)
folder (physical)	フォルダー (forudā)
rubber stamp	スタンプ (sutanpu)
projector	プロジェクター (purojekutā)
text message	テキストメッセージ (tekisuto messēji)
parcel	小包 (kozutsumi)
stamp	切手 (kitte)
envelope	封筒 (fūtō)
prime minister	総理大臣 (sōri daijin)
pharmacist	薬剤師 (yakuzai shi)
firefighter	消防士 (shōbō shi)
dentist	歯医者 (ha isha)
entrepreneur	起業家 (kigyō ka)
politician	政治家 (seiji ka)
programmer	プログラマー (puroguramā)
stewardess	客室乗務員 (kyakushitsu jōmu in)
scientist	科学者 (kagaku sha)
kindergarten teacher	保育士 (hoiku shi)
architect	建築家 (kenchiku ka)
accountant	会計士 (kaikei shi)
consultant	コンサルタント (konsarutanto)
prosecutor	検察官 (kensatsu kan)
general manager	総支配人 (sō shihai nin)

1926 - 1950

bodyguard	ボディーガード (bodīgādo)
landlord	大家 (ooya)
conductor	車掌 (shashō)
waiter	ウェイター (weitā)
security guard	警備員 (keibi in)
soldier	兵士 (heishi)
fisherman	漁師 (ryōshi)
cleaner	清掃員 (seisō in)
plumber	水道屋 (suidō ya)
electrician	電気技師 (denki gishi)
farmer	農家 (nōka)
receptionist	受付係 (uketsuke kakari)
postman	郵便配達人 (yūbin haitatsu nin)
cashier	レジ係 (reji kakari)
hairdresser	ヘアドレッサー (hea doressā)
author	作家 (sakka)
journalist	ジャーナリスト (jānarisuto)
photographer	写真家 (shashin ka)
thief	泥棒 (dorobō)
lifeguard	ライフガード (raifu gādo)
singer	歌手 (kashu)
musician	ミュージシャン (myūjishan)
actor	俳優 (haiyū)
reporter	レポーター (repōtā)
coach (sport)	コーチ (kōchi)

1951 - 1975

referee	審判員 (shinpan in)
folder (computer)	フォルダー (forudā)
browser	ブラウザ (burauza)
network	ネットワーク (nettowāku)
smartphone	スマートフォン (sumāto fon)
earphone	イヤフォン (iyafon)
mouse (computer)	マウス (mausu)
keyboard (computer)	キーボード (kībōdo)
hard drive	ハードディスク (hādodisuku)
USB stick	USBメモリー (USB memorī)
scanner	スキャナー (sukyanā)
printer	プリンター (purintā)
screen (computer)	ディスプレイ (disupurei)
laptop	ノートパソコン (nōto pasokon)
fingerprint	指紋 (shimon)
suspect	容疑者 (yōgi sha)
defendant	被告人 (hikoku nin)
investment	投資 (tōshi)
stock exchange	証券取引所 (shōken torihiki sho)
share	株 (kabu)
dividend	配当 (haitō)
pound	ポンド (pondo)
euro	ユーロ (yūro)
yen	円 (en)
yuan	元 (moto)

1976 - 2000

dollar	ドル (doru)
note (money)	紙幣 (shihei)
coin	貨幣 (kahei)
interest	利子 (rishi)
loan	ローン (rōn)
account number	口座番号 (kōza bangō)
bank account	銀行口座 (ginkō kōza)
world record	世界記録 (sekai kiroku)
stopwatch	ストップウオッチ (sutoppuuocchi)
medal	メダル (medaru)
cup (trophy)	カップ (kappu)
robot	ロボット (robotto)
cable	ケーブル (keiburu)
plug	プラグ (puragu)
loudspeaker	スピーカー (supīkā)
vase	花瓶 (kabin)
lighter	ライター (raitā)
package	パッケージ (pakkēji)
tin	缶 (kan)
water bottle	水筒 (suitō)
candle	蝋燭 (rōsoku)
torch	懐中電灯 (kaichū dentō)
cigarette	たばこ (tabako)
cigar	葉巻 (hamaki)
compass	コンパス (konpasu)

Printed in Great Britain
by Amazon